中华人民共和国
增值税法

法 律 出 版 社
·北 京·

图书在版编目（CIP）数据

中华人民共和国增值税法. -- 北京：法律出版社，2025. -- ISBN 978-7-5197-9867-3

I. D922.229

中国国家版本馆 CIP 数据核字第 2024SD7507 号

中华人民共和国增值税法
ZHONGHUA RENMIN GONGHEGUO ZENGZHISHUIFA

出版发行 法律出版社	开本 850 毫米×1168 毫米 1/32
编辑统筹 法规出版分社	印张 0.75 字数 12 千
责任编辑 张红蕊	版本 2025 年 1 月第 1 版
装帧设计 臧晓飞	印次 2025 年 1 月第 1 次印刷
责任校对 陶玉霞	印刷 永清县金鑫印刷有限公司
责任印制 耿润瑜	经销 新华书店

地址：北京市丰台区莲花池西里 7 号（100073）
网址：www.lawpress.com.cn　　　销售电话：010-83938349
投稿邮箱：info@lawpress.com.cn　　客服电话：010-83938350
举报盗版邮箱：jbwq@lawpress.com.cn　咨询电话：010-63939796
版权所有·侵权必究

书号：ISBN 978-7-5197-9867-3　　　　定价：5.00 元
凡购买本社图书，如有印装错误，我社负责退换。电话：010-83938349

目　　录

中华人民共和国主席令（第四十一号）……………（1）
中华人民共和国增值税法　……………………………（3）

附：

关于《中华人民共和国增值税法（草案）》的

　　说明　………………………………………………（16）

中华人民共和国主席令

第四十一号

《中华人民共和国增值税法》已由中华人民共和国第十四届全国人民代表大会常务委员会第十三次会议于2024年12月25日通过，现予公布，自2026年1月1日起施行。

中华人民共和国主席　习近平
2024年12月25日

中华人民共和国增值税法

（2024年12月25日第十四届全国人民代表大会常务委员会第十三次会议通过）

目　　录

第一章　总　　则

第二章　税　　率

第三章　应纳税额

第四章　税收优惠

第五章　征收管理

第六章　附　　则

第一章　总　　则

第一条　为了健全有利于高质量发展的增值税制度，规范增值税的征收和缴纳，保护纳税人的合法权益，制定本法。

第二条 增值税税收工作应当贯彻落实党和国家路线方针政策、决策部署，为国民经济和社会发展服务。

第三条 在中华人民共和国境内（以下简称境内）销售货物、服务、无形资产、不动产（以下称应税交易），以及进口货物的单位和个人（包括个体工商户），为增值税的纳税人，应当依照本法规定缴纳增值税。

销售货物、服务、无形资产、不动产，是指有偿转让货物、不动产的所有权，有偿提供服务，有偿转让无形资产的所有权或者使用权。

第四条 在境内发生应税交易，是指下列情形：

（一）销售货物的，货物的起运地或者所在地在境内；

（二）销售或者租赁不动产、转让自然资源使用权的，不动产、自然资源所在地在境内；

（三）销售金融商品的，金融商品在境内发行，或者销售方为境内单位和个人；

（四）除本条第二项、第三项规定外，销售服务、无形资产的，服务、无形资产在境内消费，或者销售方为境内单位和个人。

第五条 有下列情形之一的，视同应税交易，应当依照本法规定缴纳增值税：

（一）单位和个体工商户将自产或者委托加工的货物用于集体福利或者个人消费；

（二）单位和个体工商户无偿转让货物；

（三）单位和个人无偿转让无形资产、不动产或者金融商品。

第六条 有下列情形之一的，不属于应税交易，不征收增值税：

（一）员工为受雇单位或者雇主提供取得工资、薪金的服务；

（二）收取行政事业性收费、政府性基金；

（三）依照法律规定被征收、征用而取得补偿；

（四）取得存款利息收入。

第七条 增值税为价外税，应税交易的销售额不包括增值税税额。增值税税额，应当按照国务院的规定在交易凭证上单独列明。

第八条 纳税人发生应税交易，应当按照一般计税方法，通过销项税额抵扣进项税额计算应纳税额的方式，计算缴纳增值税；本法另有规定的除外。

小规模纳税人可以按照销售额和征收率计算应纳税

额的简易计税方法，计算缴纳增值税。

中外合作开采海洋石油、天然气增值税的计税方法等，按照国务院的有关规定执行。

第九条　本法所称小规模纳税人，是指年应征增值税销售额未超过五百万元的纳税人。

小规模纳税人会计核算健全，能够提供准确税务资料的，可以向主管税务机关办理登记，按照本法规定的一般计税方法计算缴纳增值税。

根据国民经济和社会发展的需要，国务院可以对小规模纳税人的标准作出调整，报全国人民代表大会常务委员会备案。

第二章　税　　率

第十条　增值税税率：

（一）纳税人销售货物、加工修理修配服务、有形动产租赁服务，进口货物，除本条第二项、第四项、第五项规定外，税率为百分之十三。

（二）纳税人销售交通运输、邮政、基础电信、建筑、不动产租赁服务，销售不动产，转让土地使用权，销售或者进口下列货物，除本条第四项、第五项规定外，税率为百分之九：

1. 农产品、食用植物油、食用盐；

2. 自来水、暖气、冷气、热水、煤气、石油液化气、天然气、二甲醚、沼气、居民用煤炭制品；

3. 图书、报纸、杂志、音像制品、电子出版物；

4. 饲料、化肥、农药、农机、农膜。

（三）纳税人销售服务、无形资产，除本条第一项、第二项、第五项规定外，税率为百分之六。

（四）纳税人出口货物，税率为零；国务院另有规定的除外。

（五）境内单位和个人跨境销售国务院规定范围内的服务、无形资产，税率为零。

第十一条 适用简易计税方法计算缴纳增值税的征收率为百分之三。

第十二条 纳税人发生两项以上应税交易涉及不同税率、征收率的，应当分别核算适用不同税率、征收率的销售额；未分别核算的，从高适用税率。

第十三条 纳税人发生一项应税交易涉及两个以上税率、征收率的，按照应税交易的主要业务适用税率、征收率。

第三章　应纳税额

第十四条　按照一般计税方法计算缴纳增值税的，应纳税额为当期销项税额抵扣当期进项税额后的余额。

按照简易计税方法计算缴纳增值税的，应纳税额为当期销售额乘以征收率。

进口货物，按照本法规定的组成计税价格乘以适用税率计算缴纳增值税。组成计税价格，为关税计税价格加上关税和消费税；国务院另有规定的，从其规定。

第十五条　境外单位和个人在境内发生应税交易，以购买方为扣缴义务人；按照国务院的规定委托境内代理人申报缴纳税款的除外。

扣缴义务人依照本法规定代扣代缴税款的，按照销售额乘以税率计算应扣缴税额。

第十六条　销项税额，是指纳税人发生应税交易，按照销售额乘以本法规定的税率计算的增值税税额。

进项税额，是指纳税人购进货物、服务、无形资产、不动产支付或者负担的增值税税额。

纳税人应当凭法律、行政法规或者国务院规定的增值税扣税凭证从销项税额中抵扣进项税额。

第十七条　销售额,是指纳税人发生应税交易取得的与之相关的价款,包括货币和非货币形式的经济利益对应的全部价款,不包括按照一般计税方法计算的销项税额和按照简易计税方法计算的应纳税额。

第十八条　销售额以人民币计算。纳税人以人民币以外的货币结算销售额的,应当折合成人民币计算。

第十九条　发生本法第五条规定的视同应税交易以及销售额为非货币形式的,纳税人应当按照市场价格确定销售额。

第二十条　销售额明显偏低或者偏高且无正当理由的,税务机关可以依照《中华人民共和国税收征收管理法》和有关行政法规的规定核定销售额。

第二十一条　当期进项税额大于当期销项税额的部分,纳税人可以按照国务院的规定选择结转下期继续抵扣或者申请退还。

第二十二条　纳税人的下列进项税额不得从其销项税额中抵扣:

(一)适用简易计税方法计税项目对应的进项税额;

(二)免征增值税项目对应的进项税额;

(三)非正常损失项目对应的进项税额;

（四）购进并用于集体福利或者个人消费的货物、服务、无形资产、不动产对应的进项税额；

（五）购进并直接用于消费的餐饮服务、居民日常服务和娱乐服务对应的进项税额；

（六）国务院规定的其他进项税额。

第四章 税 收 优 惠

第二十三条 小规模纳税人发生应税交易，销售额未达到起征点的，免征增值税；达到起征点的，依照本法规定全额计算缴纳增值税。

前款规定的起征点标准由国务院规定，报全国人民代表大会常务委员会备案。

第二十四条 下列项目免征增值税：

（一）农业生产者销售的自产农产品，农业机耕、排灌、病虫害防治、植物保护、农牧保险以及相关技术培训业务，家禽、牲畜、水生动物的配种和疾病防治；

（二）医疗机构提供的医疗服务；

（三）古旧图书，自然人销售的自己使用过的物品；

（四）直接用于科学研究、科学试验和教学的进口仪器、设备；

（五）外国政府、国际组织无偿援助的进口物资和设备；

（六）由残疾人的组织直接进口供残疾人专用的物品，残疾人个人提供的服务；

（七）托儿所、幼儿园、养老机构、残疾人服务机构提供的育养服务，婚姻介绍服务，殡葬服务；

（八）学校提供的学历教育服务，学生勤工俭学提供的服务；

（九）纪念馆、博物馆、文化馆、文物保护单位管理机构、美术馆、展览馆、书画院、图书馆举办文化活动的门票收入，宗教场所举办文化、宗教活动的门票收入。

前款规定的免税项目具体标准由国务院规定。

第二十五条　根据国民经济和社会发展的需要，国务院对支持小微企业发展、扶持重点产业、鼓励创新创业就业、公益事业捐赠等情形可以制定增值税专项优惠政策，报全国人民代表大会常务委员会备案。

国务院应当对增值税优惠政策适时开展评估、调整。

第二十六条　纳税人兼营增值税优惠项目的，应当单独核算增值税优惠项目的销售额；未单独核算的项目，不得享受税收优惠。

第二十七条　纳税人可以放弃增值税优惠；放弃优惠的，在三十六个月内不得享受该项税收优惠，小规模纳税人除外。

第五章　征收管理

第二十八条　增值税纳税义务发生时间，按照下列规定确定：

（一）发生应税交易，纳税义务发生时间为收讫销售款项或者取得销售款项索取凭据的当日；先开具发票的，为开具发票的当日。

（二）发生视同应税交易，纳税义务发生时间为完成视同应税交易的当日。

（三）进口货物，纳税义务发生时间为货物报关进口的当日。

增值税扣缴义务发生时间为纳税人增值税纳税义务发生的当日。

第二十九条　增值税纳税地点，按照下列规定确定：

（一）有固定生产经营场所的纳税人，应当向其机构所在地或者居住地主管税务机关申报纳税。总机构和分支机构不在同一县（市）的，应当分别向各自所在地的主管税务机关申报纳税；经省级以上财政、税务主管部门批准，可以由总机构汇总向总机构所在地的主管税务机关申报纳税。

（二）无固定生产经营场所的纳税人，应当向其应税交易发生地主管税务机关申报纳税；未申报纳税的，由其机构所在地或者居住地主管税务机关补征税款。

（三）自然人销售或者租赁不动产，转让自然资源使用权，提供建筑服务，应当向不动产所在地、自然资源所在地、建筑服务发生地主管税务机关申报纳税。

（四）进口货物的纳税人，应当按照海关规定的地点申报纳税。

（五）扣缴义务人，应当向其机构所在地或者居住地主管税务机关申报缴纳扣缴的税款；机构所在地或者居住地在境外的，应当向应税交易发生地主管税务机关申报缴纳扣缴的税款。

第三十条 增值税的计税期间分别为十日、十五日、一个月或者一个季度。纳税人的具体计税期间，由主管税务机关根据纳税人应纳税额的大小分别核定。不经常发生应税交易的纳税人，可以按次纳税。

纳税人以一个月或者一个季度为一个计税期间的，

自期满之日起十五日内申报纳税；以十日或者十五日为一个计税期间的，自次月一日起十五日内申报纳税。

扣缴义务人解缴税款的计税期间和申报纳税期限，依照前两款规定执行。

纳税人进口货物，应当按照海关规定的期限申报并缴纳税款。

第三十一条 纳税人以十日或者十五日为一个计税期间的，应当自期满之日起五日内预缴税款。

法律、行政法规对纳税人预缴税款另有规定的，从其规定。

第三十二条 增值税由税务机关征收，进口货物的增值税由海关代征。

海关应当将代征增值税和货物出口报关的信息提供给税务机关。

个人携带或者寄递进境物品增值税的计征办法由国务院制定，报全国人民代表大会常务委员会备案。

第三十三条 纳税人出口货物或者跨境销售服务、无形资产，适用零税率的，应当向主管税务机关申报办理退（免）税。出口退（免）税的具体办法，由国务院制定。

第三十四条　纳税人应当依法开具和使用增值税发票。增值税发票包括纸质发票和电子发票。电子发票与纸质发票具有同等法律效力。

国家积极推广使用电子发票。

第三十五条　税务机关与工业和信息化、公安、海关、市场监督管理、人民银行、金融监督管理等部门建立增值税涉税信息共享机制和工作配合机制。

有关部门应当依照法律、行政法规，在各自职责范围内，支持、协助税务机关开展增值税征收管理。

第三十六条　增值税的征收管理依照本法和《中华人民共和国税收征收管理法》的规定执行。

第三十七条　纳税人、扣缴义务人、税务机关及其工作人员违反本法规定的，依照《中华人民共和国税收征收管理法》和有关法律、行政法规的规定追究法律责任。

第六章　附　　则

第三十八条　本法自2026年1月1日起施行。《中华人民共和国增值税暂行条例》同时废止。

附：

关于《中华人民共和国
增值税法（草案）》的说明

（2022年12月27日）

1993年12月，国务院发布《中华人民共和国增值税暂行条例》（以下简称《增值税暂行条例》），规定在中华人民共和国境内销售货物或者提供加工、修理修配劳务以及进口货物的单位和个人应当缴纳增值税。2008年，国务院对《增值税暂行条例》作了修订。党的十八大以来，按照党中央、国务院决策部署，深化增值税改革作为实施更大规模减税降费的制度性举措，各项改革工作扎实推进。2016年5月，营业税改征增值税试点全面推开，在此基础上，2017年11月国务院废止了《中华人民共和国营业税暂行条例》，并对《增值税暂行条例》作了部分修改。随着调整增值税税率水平、健全增值税抵扣链条、建立增值税期末留抵退税制度等一系列措施实施，减税降费成果进一步巩固和扩大，改革实现了确保制造业税负明显降低、确保建筑业和交通运输业等行业税负有所降低、确保其他行业税负只减不增的目标，基本建立了现代增值税制度。目前，增值税是我国第一大税种，2021年全国增值税收入61982亿元，占全国税收收入的36%。按照国务院规定，增值税属于中央与地方共享税，收入实行中央与地方"五五分享"。

《中共中央关于全面深化改革若干重大问题的决定》提出"落实税收法定原则"，提请全国人大常委会审议增值税法草案已列入国务院2022年度立法工作计划。为贯彻落实党中央、国务院决策部署，推动完善税收法律制度，财政部、税务总局在广泛调研、听取各有关方面意见并向社会公开征求意见基础上，起草了《中华人民共和国增值税法（送审稿）》。司法部充分征求各方面意见，会同财政部、税务总局修改形成了《中华人民共和国增值税法（草案）》（以下简称草案）。草案已经国务院常务会议讨论通过。现说明如下：

一、立法的总体思路

从近年实际情况看，增值税税制要素基本合理，运行比较平稳。制定增值税法，总体上按照税制平移的思路，保持现行税制框架和税负水平基本不变，将《增值税暂行条例》和有关政策规定上升为法律。同时，根据实际情况对部分内容作了必要调整。

二、草案的主要内容

草案共6章36条，主要规定了以下内容：

（一）纳税人和征税范围。在中华人民共和国境内销售货物、服务、无形资产、不动产，以及进口货物的单位和个人为增值税的纳税人。销售货物、服务、无形资产、不动产，是指有偿转让货物、不动产的所有权，有偿提供服务，有偿转让无形资产的所有权或者使用权。增值税为价外税，应税交易的销售额不包括增值税税额。

（二）税率。维持现行13%、9%、6%三档税率不变。一是销售货物、加工修理修配服务、有形动产租赁服务，进口货物，除另有规定外，税率为13%；二是销售交通运输、邮政、基础电信、建筑、不动产租赁服务，销售不动产，转让土地使用权，销售或者进口农产品等货物，除另有规定外，税率为9%；三是销售其他服务、无形资产，税率为6%。同时规定，出口货物以及境内单位和个人跨境销售国务院规定范围内的服务、无形资产，税率为零。小规模纳税人等适用简易计税方法的征收率为3%。

（三）应纳税额。按照一般计税方法计算的应纳税额，为当期销项税额抵扣当期进项税额后的余额；按照简易计税方法计算的应纳税额，为当期销售额乘以征收率；进口货物，按照组成计税价格乘以适用税率计算缴纳增值税。当期进项税额大于当期销项税额的部分，可以结转下期继续抵扣或者予以退还。

（四）税收优惠。维持现行税收优惠项目不变，并规定免税项目具体标准由国务院规定。应税交易的销售额未达到国务院规定的增值税起征点的，免征增值税。同时规定，根据国民经济和社会发展的需要，国务院可以制定增值税专项优惠政策，报全国人大常委会备案。

（五）征收管理。增值税由税务机关征收，进口货物的增值税由海关代征。纳税人应当依法开具和使用增值税发票，电子发票与纸质发票具有同等法律效力。此外，还对增值税的纳税义务发生时间、纳税地点、计税期间、扣缴义务人、涉税信息共享等税收征管事项作了规定。